COLLECTION

DE

MANUSCRITS ARABES

PERSANS ET TURCS

APPARTENANT

A Mme LA COMTESSE ALIX DES GRANGES

PARIS

TYPOGRAPHIE DE FIRMIN DIDOT FRÈRES, FILS ET CIE

Imprimeurs de l'Institut, rue Jacob, 56

1859

COLLECTION

DE

MANUSCRITS ARABES

PERSANS ET TURCS

APPARTENANT

A Mme LA COMTESSE ALIX DES GRANGES

PARIS

TYPOGRAPHIE DE FIRMIN DIDOT FRÈRES, FILS ET Cie

Imprimeurs de l'Institut, rue Jacob, 56

1859

COLLECTION

DE

MANUSCRITS ARABES

PERSANS ET TURCS

---

§ I.

MANUSCRITS ARABES.

1 Recueil d'anecdotes, par Abd-Allah, fils d'Aly.
2 Premier volume du Michkât almasabyh.
3 Cherf Atthâlib fy asna'l methâlib, par Abou'labbâs Ahmed ibn Alkhathyb.
4 Direction pour les légistes et les fakih, par Abd-Alwahhâb Accha'râny.
5 Diwan du cheîkh Borhân Eddîn Abou'l Haçan Aly... ibn Arfa'.
6 Troisième volume du Sahîh de Mohammed, fils de Moghaira, fils d'Ismail albokhâry.
7 Récit de la conquête de plusieurs contrées de l'Afrique.
8 Recueil de poésies.
9 Histoire de Hayât Annofoûs.

10 Ouvrage érotique intitulé Elif Ba, par Youssouf Abou'lheddjâdj.
11 Traité de la prière en l'honneur de Mohammed.
12 Recueil d'anecdotes, par Abd-Allah, fils d'Aly (continuation du n° 1).
13 Aldorer almontekat min adjaîb almakh loûkat, par Zacaria, fils de Mohammed Alkazoüyny.
14 Relation d'un voyage en Espagne, par le secrétaire d'État Ahmed, fils d'Almehdy, de Fez. Le commencement manque. (Intéressant.)
15 Histoire de la fourmi et de ce qui lui arriva avec Salomon.
16 Traité de médecine, par Ismaïl, fils de Môhammed.
17 Géographie d'Abou'lféda.
18 Conseils aux rois par l'imâm Mohammed Alghazzâly.
19 Mémorial des gens prudents, par le cheïkh Daoud, d'Antioche.
20 Portion du grand ouvrage de Makrizy sur la description de l'Égypte.
21 Poëme, accompagné d'un ample commentaire.
22 Histoire de la conquête de l'Afrique.
23 Histoire de Seïf Dhou'l Yézen.
24 Traité de jurisprudence.
25 Les Jardins embaumés, servant au délassement de l'esprit, par Annefzaouy.
26 Kalilah et Dimnah.
27 Traité d'histoire naturelle, par Kazouîny.
28 Un volume de la Grande Histoire naturelle d'Addamiry, commençant par la lettre S.

29 Traité de généalogies. Manuscrit copié en l'année
    659 de l'hégive (1261 de J.-C.)

30 Recueil de contes. Manuscrit incomplet au com-
    mencement et à la fin.

31 Le Flambeau des rois, traité de morale, par Al-
    Tortouchy.

32 Traité de géographie.

33 Le Fruit des khalifes, traité de morale, par Ibn
    Arabchah.

34 Gloses sur le commentaire appelé Djem'al dja-
    ouâmi', par Aly, fils d'Ahmed Albokhâry. (Ju-
    risprudence.)

35 Traité de théologie.

36 Dictionnaire biographique, un volume finissant
    avec la lettre sîn.

37 Premier volume du grand ouvrage d'Ibn Khal-
    doûn (Prolégomènes.)

38 Première partie de l'Histoire des Berbers, du même
    auteur.

39 Histoire des Berbers, par Ibn Khaldoûn (dernière
    partie).

40 Dernière partie de l'Histoire des Berbers, du même.

41 Autre exemplaire du même volume.

42 Premier volume de l'Histoire d'Espagne d'Al-
    makkary.

43 Troisième volume du même ouvrage.

44 Quatrième section de l'Histoire de Mohammed Ibn
    Alkhathîb, de Tlemcen.

MANUSCRITS PERSANS.

1 Zefer-Nameh, avec l'introduction dont Hadji-Khalfa
   fait mention dans son Dictionnaire bibliographi-
   que. A la fin on a écrit sur les marges un ex-
   trait du Mathlaa al-Saadayn, relatif à l'envoi
   d'une ambassade en Chine, par Schah-Rokh,
   grand in-folio.

2 Le Gulistan, avec le commentaire turc de Schemy.

3 Inscha ou Modèles de lettres, par Mahdy-Khan.

4 Modèles de lettres, de requêtes, etc.

5 Modèles de lettres.

6 Manthec-al-Thayr, poëme du scheikh Al-Atthar.

7 Gulistan, avec quelques gloses en turk.

8 Divan de Hafiz, avec une préface.

9 Suite de réflexions pieuses, par Abd-al-Hayy.

10 Recueil de poésies persanes, sans commencement
    ni fin.

11 Bostân de Sâdi.

12 Bostân de Sâdi.

13 Traité de l'amour et autres sujets. Le commen-
    cement du volume manque.

14 Contes et autres morceaux en vers et en prose ;
   quelques-uns sont incomplets.

15 Inscha ou recueil de lettres. Ces lettres ont été
   adressées à des princes et autres personnages
   élevés.

16 Behâristan.

17 Inscha ou recueil de lettres de Mahdy-Khan.

18 Traité de poésie et de prosodie.

19 Traité de la conjugaison arabe.

20 Un Divan, dont l'auteur paraît être Khosrou.

21 Anouar-Soheyly.

22 Tarykhi moadjem fy ahoual molouk al-adjem ou
   Histoire des rois de Perse antérieurs à l'invasion
   musulmane.

23 Behar-Danisch.

24 Behar-Danisch.

25 Le Metsnevi, copié en 847 de l'hég·re (1443 de
   J.-C.).

26 Divan de Hafez.

27 Histoire des Mongols, en vers, depuis la création
   du monde jusqu'au règne de Gazan, avec des
   miniatures ; copié l'an 826 de l'hégire (1423 de
   J.-C.).

28 Paradigmes persans avec leurs équivalents en
   turc.

29 Heft aurenk ou Recueil des poëmes du célèbre
   Djamy. Superbe manuscrit copié en 978 de
   l'hégire (1570 de J.-C.).

30 Biographie des poëtes persans, avec des extraits
   de leurs ouvrages, par Lothf Aly Bey, qui floris-

sait vers la fin du dernier siècle. Le livre porte
le titre de Ateschkédé.

31 Recueil des poésies du roi de Perse Feth-Aly-
Schah.

32 Anouar-Scheyly.

33 Le Gulistan, par Sâdy, très-beau manuscrit, copié
en l'année 967 de l'hégire (1560 de J.-C.).

34 Le Gulistan, avec des gloses marginales et inter-
linéaire.

35 Le même, copie très-bien écrite.

36 Anvari Soheïly, copie nettement écrite.

37 Bostân de Sâdy, avec une traduction turque,
beau manuscrit.

38 Roman contenant l'histoire d'un empereur de
Constantinople, nommé Azadeh Bakht.

39 Merzbân Nâmeh, par Merzbân, fils de Cherouïn.

40 Histoire du sultan seldjoukide de l'Asie Mineure
Kilidj Arslân, par Mohammed Ghâzy.

41 Traduction persane de l'ouvrage arabe intitulé
Alfardj bad'alchiddet (la Délivrance après l'af-
fliction). Incomplet à la fin.

42 Fragment sur la prosodie.

43 Traité de métrique.

§ III.

MANUSCRITS TURCS.

1 Teuhfét-us-sebian, le Cadeau des enfants, vocabulaire arabe et turc en vers,
2 Traité des devoirs religieux, in-8°.
3 Soixante-dix Nouvelles, contes turcs, in-8°.
4 Histoire des événements de l'île de Scio, l'an 1237
   de l'hégire (1822 de J.-C.), petit in-4°.
5 Biographie des poëtes turcs, par Hassan Tchélébi;
   même ouvrage que le n° 28, petit in-8°.
6 Commentaire sur le Metsnevi de Djélaleddin, petit
   in-4°.
7 Les Quarante Questions, instructions sur plusieurs
   points traditionnels des musulmans, in-4°.
8 Vision de Mévlana Veïssi, et son dialogue avec le
   sultan Ahmed.
   — Traduction turque de *Leïla vè médjnoun*, par
   Abdul-Aziz-efendi, petit in-4°.
9 Contes turcs, manuscrit incomplet, in-4°.
10 Touti-Namé, contes turcs, in-4°, traduit du persan.
11 Cabous-Namé, traité de morale, traduit du persan.

12 Les Ivrognes et les Amateurs du café et du tabac,
    contes turcs, in-8°.

13 Vocabulaire arabe, persan et turc, en vers turcs.

14 Les Quarante Vézirs, contes turcs, in-4°.

15 Abrégé du Humayoun-Namé, par Taïb-efendi,
    grand in-8°.

16 Les Cinq Dons, livre de morale et de jurispru-
    dence, écrit et donné à M. Desgranges par Ba-
    hir-efendi, in-4°.

17 Vocabulaire persan en turc oriental.

18 Abrégé historique de la vie des khalifes et des sul-
    tans, in-8°.

19 Saatnamé, ou l'Horoscope, Instructions morales,
    petit in-4°.

20 Calila et Dimna, contes persans, par Bidpai, in-4°.

21 Commentaires sur le Metsnevi de Djélaliddin-
    Roumi, en turc, petit in-folio, t. II.

22 Subhi, portion de l'Histoire de l'empire ottoman,
    in-folio.

23 Humayoun-Namé, contes turcs, petit in-folio.

24 Recueil de quelques notes diplomatiques, in-8'
    oblong.

25 Description de l'Égypte, intitulée Kitab al salsabil
    ala-aoussaf al Nil, in-12.

26 Épistolaire turc, par Naby-efendi, in-8°.

27 Modèles de lettres officielles, par Vany-efendi,
    in-8°.

28 Biographie des poëtes turcs, par Hassan Tchéléby,
    in-8°.

29 Épistolaire turc, incomplet, in-8°.

30 Vocabulaire turc oriental en turc ottoman, in-8°.

31 Dictionnaire arabe et turc.

32 Modèles de lettres.

33 Contes turcs, in-folio. Il manque le commencement.

34 Les Quarante Vézirs, contes turcs, in-4°.

35 Poésies turques de Neway, grand in-8°.

36 Contes turcs.

37 Poésies turques, in-8°; sans commencement ni fin.

38 Saatnamé, instructions morales, in-8°.

39 Contes turcs, incomplet.

40 Contes turcs, in-folio; sans commencement ni fin.

41 Physiologie de la femme, etc., in-4°.

42 Manuel des juges musulmans, in-8°.

43 Divan de Neway.

44 Beharistan de Djamy, avec une traduction turque, in-8°.

45 Coran interprété en turc.

46 Vie des saints (Tedzkiret al aulia), in-folio.

47 Histoire de Jésus.

48 Homayoun Nameh, in-8°.

49 Leila et Medjnoun, poëme de Fozouly, in-4°.

50 Yousouf et Zoleikha, par Hamdy, poëme, in-8°.

51 Même ouvrage.

52 Bahr al meârif (Mer des connaissances), par Soroury, in-8°.

53 Recueil d'anecdotes, par Al-cafavy, in-8°.

54 L'Élixir du bonheur, par Nerguessy, in-8°.

55 Le Bostân de Sâdy, avec une traduction turque in-

terlinéaire, in-4º. Il manque le commencement.

56 Tarikhi Ferghana, Histoire de Ferghana, en turc oriental, in-4º.

57 Vocabulaire turc oriental, expliqué en persan.

58 Recueil de poésies turques, grand in-8º.

59 Chronique universelle, in-8º.

60 Poëme sur la naissance de Mahomet, in-8º.

61 Lathaif Nameh ou Bons Mots de Lamcy-Tché-léby, in-8º.

62 Recueil d'anecdotes, in-4º.

63 Histoire de Teryaky Hassan, pacha, grand in-8º.

64 Traité de métrique.

65 Khab-Nameh ou Livre des songes, par Veïssy-efendi, in-4º.

66 Poëme sur le patriarche Joseph.

67 Album.

68 Le Roi et le Mendiant, poëme, petit in-8º.

69 Tedzkiret alchoarâ ou Vies des poëtes, par Neway, in-8º.

70 Poëmes en turc oriental, in-4º.

71 Poésies turques, volume in-4º, incomplet à la fin.

72 Vocabulaire turc, expliqué en persan.

73 Prières.

74 Histoire de Youssouf et de Zoleykha, volume incomplet au commencement.

75 Album et fragments.

76 Plusieurs liasses de requêtes, papiers d'affaires, firmans, actes juridiques, in-4º.

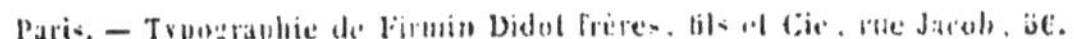

Paris. — Typographie de Firmin Didot frères, fils et Cie, rue Jacob, 56.

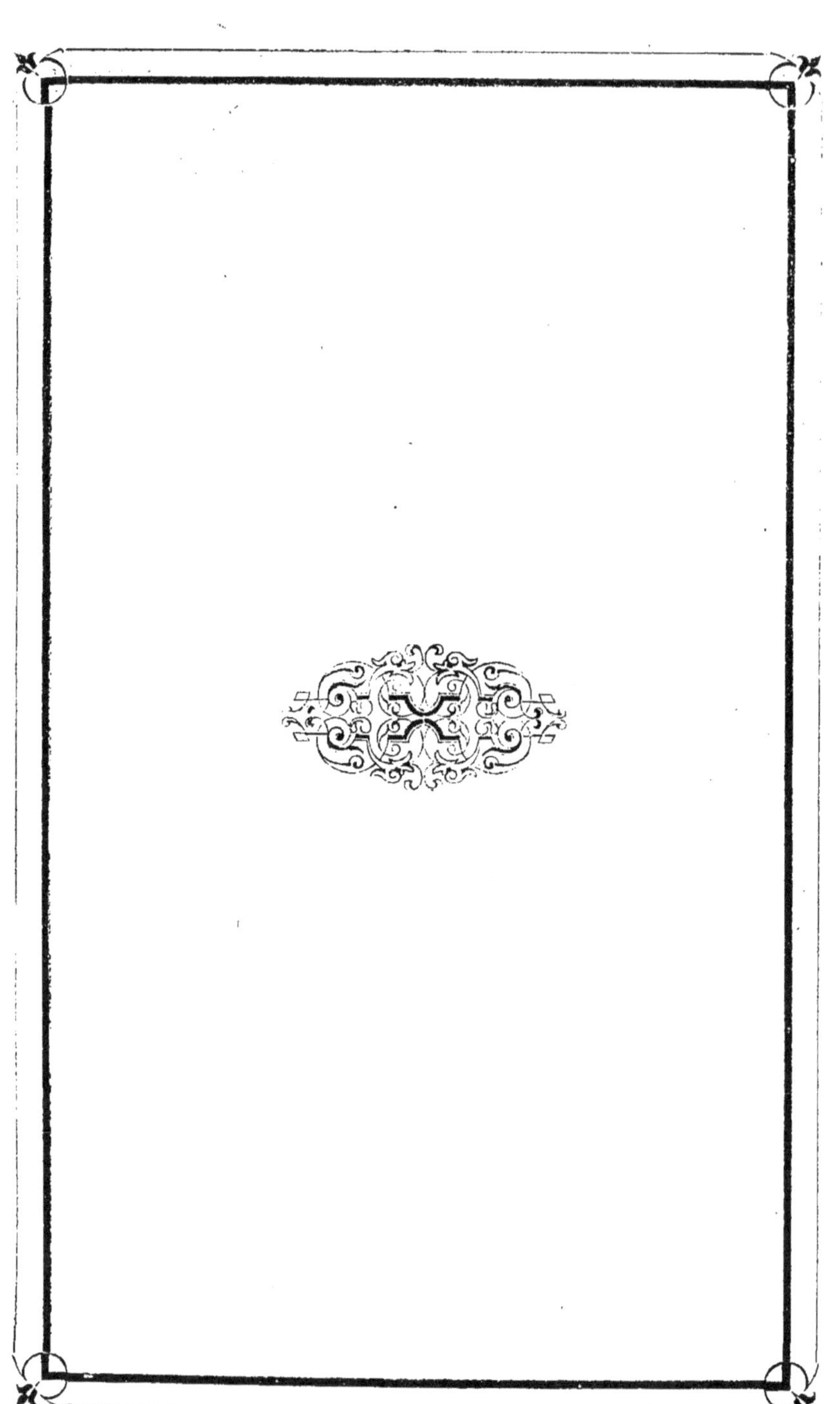